Aikaisemmat julkaisut

1. Punaiset korkokengät, runoja 2008

2. Nainen mustissa, runoja, 2011

3. Tehtäväksi annettu, historiikki kätilön työstä 2011

4. Maan ja taivaan välissä, historiikki isovanhemmista 2012

5. Elämä paistaa läpi, runoja, 2012

6. Ehyt päivä, runoja 2013

7. Rankapuut ja leivosen laulu, romaani, 2013

8. Janiika, historiikki isoäidistä, 2014

9. Mikko Tappura, historiallinen romaani, 2015.

!0. Kukurtaja, historiallinen romaani, 2016

Puolipäivän jälkeen

Runoja

Kirsti Mäenpää

Sisältö

© 2016 Kirsti Mäenpää
Kustantaja: BoD – Books on Demand, Helsinki, Suomi
Valmistaja: BoD – Books on Demand, Norderstedt, Saksa
ISBN: 978-952-339-508-4

Olut kuohuu laseista ylitse

tiputtaa pöydälle pisaroita,

joissa aurinko siivilöi

odotuksen ja ikävän

- ainoat ystäväni

kuppilan nurkkapöydässä.

Olen odottanut sinua

jo monta aikaa ja nähnyt kuinka

kuohut laseissa laantuvat,

siirtävät sydämeeni tyhjän kohdan.

Pisarat pöydällä saavat sata sanaa

- Tarjoilija, toisitko toiset!

Sinä hulmahdat Chanel vitosen vaunuilla

ja sateenkaaren shifongin siivin

läpi savun ja sauhun,

kumoat kertakulauksella

molemmat jo puolillaan olevat.

Pöydällä kuplivat elämännälkäisen

hurmioon saaneen sanat.

Chanel haihtuu, tuoli on tyhjä

jäljellä jäähtyneet pisarat.

- Tarjoilija, vielä yksi!

Illansiniset helmililjat

sormenpäilleni pauloja punovat

lumoten saapuvan yön verkkoon,

jossa kehrääjälinnut laulavat

menneelle päivälle viimeisen laulun.

Katseesi polttaa pimeän läpi

pudottaen ripsiltäni alas valuvat virrat

Sinua ikävöin.

Laulavat aamun linnut.

Sumun seasta nousee aurinko

lipuen jälleen paikalleen

lampuksi taivaan kattoon

ja valo nielaisee pimeyden.

Unissani

näen kukkivat suon reunat.

Suopursujen puhjenneista valkoisista teriöistä

täyttyvät kuolleet mielet,

huumaavat hukkuneet sielut,

ennen kuin nouseva kuu usvaan putoaa.

Koko pimeän syksyn on kyyhkynen istunut olkapäälläni

viinipuun oksa nokassaan,

oksalla sukinut hiuksiani, siivillään selkääni sivellyt.

Tänään annoin linnulleni kirjeen vietäväksi,

osoitteen korvaan kuiskasin.

Lentoon lähti kyyhkyseni, tulee takaisin ennen kevättä.

Sillä aikaa vuoraan pesääni höyhenillä

ajatuksilla majani lämmitän.

Tulee aamu lunta tuoden,

ulos kirmaavat lapseni, untuvikot,

usvan tuomat.

Tallessa pysyvät katseellani.

Isoisä ovella vartiossa, pysyykö kiinni vai jääkö auki.

Uuniin heitän kotimaiset koivuhalot.

Kohta kuulen,

kuinka iloinen ritinä virittää aamuhartauden.

Jään kiinni tähän ääneen jälleen kerran.

Savupiipusta nousee kaikille kutsu

lähelle tulla, sisälle jäädä.

Lapseni lämpöön talutan

aivan tavalliseen arkiaamuun.

Aamu on hiipinyt sisälle verhonraosta,

ulkona säteilee lumi ja valkeus.

Lapseni, lapsenlapseni, sekä puolet minusta, tuhisevat

vielä peitoissaan.

Toivon unia näkevät, kukkaunia näkevät.

Itse istun tässä, aamun hämärässä,

silmät avoinna, pyhät mielessä.

Huomisen sunnuntai ja taaskin aukenee uusi lehti.

Kaikkien kaukana nukkuvien rakkaitteni

vuoteen reunalla istun hetken.

Sitten taas uskon, osaavat jo itsekin,

tehtäväni on enää ajatuksin kantaa.

Sataa ja taaskin sataa,

vettä ja valkeita rakeita.

Sumu verhoaa vaahteran oranssit lehdet,

joita sylissäni hetken kannoin,

ennen kuin maailmalle jakelin,

tuulelle annoin.

Sydämet suuret ja pienet

paikoilleen jäävät.

Sateen jälkeen aukeni taivas,

kaksi sateenkaarta idästä länteen

kaikissa väreissä kutsuvat katsomaan.

- Kaunis on maa, kaunis on taivas,

kanssasi hengitän samassa tahdissa

- Hetki on nyt, ei huomenna.

Ne saapuvat pehmein siiveniskuin

kuunnellen kutsua etelätuulen.

Täällä tuoksuu jo rahkasammal ja suosta nousee

aamunusva

peittäen alleen karhun ja peuran polut.

Talven puremat puolukat kuultavat sinisen illan läpi.

Ne avaavat suunsa tullessaan

ja kuulen, kuinka taivaan konserttisalissa

käy humina tuulen ja siivekkään sirkutus.

Kotiin palaavat lajiaan luomaan.

Yö tulvii ikkunoistani

aurinko jäänyt eiliseen.

Valon kultaamat vaahteran lehdet

peittävät alleen

sudenkorennot nukkumaan.

Katulamppujen hiljaisessa kajossa, kaikki

yöperhoset leikkiä lyövät,

leikkiä lyövät

minunkin haaveeni, illan viereltä vieneet.

Kuulen, kuinka hiljaa kuiskaat,

etkö jo tulisi, yksin on kylmä, yksin on pimeää.

Iholleni syttyy lempeä valo,

päivääkin kirkkaampi, yötä hellempi,

elämän ilo.

Menivät aamut ja päivät

niin kuin ne yleensä ihmisillä menevät.

Valkoiselle kankaalle siirtyy

eletty elämä kaikissa väreissä.

Siihen jäävät, koskettavat, lämmittävät,

kuvat ja värit.

Itkettävät näkemään

näinkö kaunista kuitenkin

elämä on.

Sinut näin

enkä enää sen jälkeen

unta saanut.

Päivälläkin kutrisi kiharoi

silmissäni.

Ääntäsi halusin kuulla,

kuunnella,

löydätkö minusta sen

mitä minä sinusta.

Viilenevässä illassa viipyy vieläkin

kevään pehmeys ja nousevan

ruohon tuoksu.

Valkovuokot kastanjapuun juurella,

varovasti aukenevat

sillaksi ihmisen mieleen uudesta,

vajavaisten valosta.

Ne nousevat joka kevät lumen ja viiman alta,

puutarhani valkovuokot,

kastanjapuun juurelle kukkimaan.

Hetken hellivät katsettani,

sisälläni puhkeaa puutarhurin onni.

Paattini pysähtyi Araratin huipulle

veden jäädessä vierelle vellomaan.

Valkeat vaahtopäät nousevat aaltojen olkapäille

laivani kylkiä nuolemaan.

Tässä seison ja odotan

kuun laskevan ja auringon nousevan,

että voisin jalkani alas kovalle maalle pudottaa.

Kyyhkysen jätän sisälle pesimään.

Yön tullessa, uni ilkkuu ikkunasta.

Kiinni laitan säleverhot,

lujasti ummistan silmieni suojaksi

raskaat luomeni.

Korttitaloni rakennus alkaa,

aikaa on aamuun asti,

kunnes kumahtaa perintökello

kuusi kertaa korvilleni.

Rakennelmani keskeneräinen edelleen,

niin kuin on rakentajakin,

keskeneräinen.

Läpi heinikon kulkee joelle polku.

Aamukasteen varpaita pestessä,

paitani helmat käsiini käärin.

Tuuli hulmuttaa tiukasta palmikosta

auenneita hiuksiani.

Aivan vierestä lehahtaa lepinkäinen lentoon.

Minä tulen.

Joelle tulen, jonka rannalla jo odotat.

Peipponen pomppii rinnassani.

Seison ikkunani vieressä ulos katsellen.

Sinä kysyt, joko talvi on tulossa, näkyykö

lumipilviä taivaalla?

Vielä ei näy, näkyy vain tuulessa lentäviä,

menneen kesän puiden lehtiä.

Oven pieleen lentelevät

siivottavaksi siirtyvät.

Sinä sanot, tule jo pois,

jätä muillekin siivoustöitä.

Lämmitellään pesä viimojen varalta,

vuorataan seinät hellyydellä.

Kesä kävelee vastaani tennareissa,

omat varpaani paljaana ruohikolla,

josta vielä routa hohkaa.

Pakottaa siirtymään paikasta toiseen.

Ehkä tulee vielä aika,

jossa kovettuneet jalkapohjani

eivät kivensiruja tunnista.

Nauhoitanko silloin kesäkengät,

kahlitsenko vapauteni juosta

ja tuntea!

Terävänä piirtyy metsän reuna

vaaleansinistä taivasta vasten.

Mustana viiruna

auratut pellot,

kuuran huntu teiden varsilla.

On marraskuu.

Kaikki elävä, ihminenkin,

vaipuvat odottamaan

kesää ja lämmintä.

Kuura hiipii maahan hiljaa marraskuussa.

Nöyränä nuokkuvat kasvien varret,

maassa maaten.

Askelteni alla iloisesti jääriite ritisee.

Alas tippuvat puiden oksilta

pienet lumikiteet,

kämmenelleni sulavat,

sammuttavat ensimmäisen janon.

On aika kääntää uusi lehti,

siivota pois kaikki kahleeksi muuttuneet.

On aika avata päällystakin ylimmäinen nappi

joka niin pitkään kiristi.

Sumussa sykkivät kaupungin valot

näyttäen tietä kotiin kulkijoille.

Katulamppujen kajosta kauempana

vaarat vaanivat,

rakkautta hakevat hyvät ja pahat.

Auenneet haavat sidettä pyytävät,

kuka paikkaisi pahan kolhut.

Armollisessa aamussa hälvenee sumu,

näyttäen käden

joka ihmistä silittää.

Lähimmäisen läsnäolo

lämmittää kuin kynttilän valo

hämärässä istujaa.

Käden kosketus

sielua suojaa.

Taivaan linnut

eivät kylvä eivätkä niitä,

eivätkä myöskään kokoa.

Peltoani risukarhilla karhitsen,

siemenet helmastani maahan heitän,

kädelläni kiinni taputtelen,

nekin, joita yrittää tuuli viedä.

Kasteluvesi on kaivosta loppunut.

Siksi odotan taivaalta sadetta,

joka herättää peltoni kasvamaan

elävää elämän leipää

ja

kukat kukkimaan.

Levolle lasken pääni tyynylle,

armahtavan unen annan tulla.

Päivän murheet haihtuvat, haalenevat.

Sinä Herrani,

mittaat voimieni määrän,

senkin,

millaisen kuorman selkääni sälytät.

Siksi yritän elää

vain tätä päivää.

Avaruus täynnä ääniä

huutoja, kuiskauksia.

Kuka laskee huokauksien määrän.

Siihen mereen omani lähetän.

Jostain helähtää

lapsen onnellinen kikatus

kaikkien niiden murheellisten

äänien seasta.

Tomussa maan

kulkevat mustat ja valkoiset varpaat,

jättäen samanlaiset jäljet,

Ihmisten askelista.

Kaamos kutsuu ja kahlitsee

lepoon arkiset askareet.

Hiljentää hetkeksi olemattomat kiireet.

Tilalle tulevat armo ja rauha.

Lainassa vain, tämä elämä
meillä.
Maailmanpyörän vauhdissa
arjet ja pyhät.
Kunnes ei ole enää
aikaa lainassa.

Kuluvat päivät ja siirtyvät vuosien jonoon.

Mitä merkitsee aika, ellei sitä elä, jääkö edes

muistojen kirjaan.

Pidä kiinni käsistä vierelläsi, kaukana oleville

ajatus anna.

Älä elämää pelkää,

joka kevät saapuvat muuttolinnut,

samoille paikoille pesimään,

joka syksy lähtevät lämpimään.

Pelkää sitä, että kirjasi täyttyy päivistä

joita ei edes aika kultaa.

Aamun sinessä

taloni portailla uutta päivää ihmettelen.

Vaalenee maailman katto, lähtevät tähdet

ja kuulen jälleen kuovin huudon,

näen kuinka kukkivat ruiskaunokit

nukkuvat tähkäpäiden olkapäillä.

Hellepaitani helmassa kannan

hiekkaa ja multaa jalkani alta.

Siihen upotan kaiken mieleeni jääneen.

Orastaa uusi kasvu.

Kuu kutoo valon harsoja pilvilauttojen eteen

öisellä tiellä,

jonka varrella kasvaneet kuuset ja männyt

kuin ystävät kulkijan suojana.

Sarastaa aamu ja maalaa maiseman,

kesällä kukkien kukkivan meren,

talvella lumen valkoiset lumikiteet.

Hopeiset jään hileet

helisevät koivujen oksilla.

Tiilenpunaisena hehkuu aurinko kaupungin kattoja kiillottaen

Vierellä välkehtii joki,

jonka pohjasta nousevat jauhojen pölyt

kosken kivissä pyörimään.

Alajuoksulla vierii vesi kylien ja peltojen poikki,

laineilla kukkivat vieläkin viljat.

Illasta aamuun kolkkaavat sillalla rattaat

ihmisiä leivän äärelle,

lähelle ja kauas

Paikoilleen ovat jääneet kumaraan painuneet päät.

Lasten hiuksilla leikkivät lakeuden tuulet

jotka eivät muuta, eivätkä kuole

Mukaan lähtevät tuoksut ja muistot

juuriksi jäävät.

Sattuma istuu porraspuilla

kohtalo kainalossa,

odottaen hetkeä tarttua kiinni

elämän kulkuun,

johon ihmiset ovat käsikirjoitusta kirjoittaneet

pitkät illat kammioissaan,

yksinään tai yhteisöissä.

Miten olla ja elää,

että kunniaksi olisivat jäljet jotka jäävät.

Miten kulkea kyyneleiset päivät

riemullisten rinnalla.

Vasta viimeisellä sivulla tiedät,

kuinka sattuma korjasi satoa.

Minä tein sen, mikä tehtävä oli.

Taivas itki ja sydän vapisi,

itkin itsekin, itkin ja vapisin,

- olisinko muuta voinut -

Suolaiset vedet

muuriksi kasvoivat, nuoleksi muuttuivat

sileät sanat.

Niitä säästin ansion mukaan jaettavaksi

- sieluni suojaan silitin -

korkoa kasvamaan.

Kyyhkynen lakassa

siivet supussa.

Rinnasta kutsuva kujerrus.

Käsivarret roikkuvat kylkien sivuilla

kuin kastuneet heinät

seipäillä sateen jälkeen.

Tulee tuuli ja kuivattaa heinät.

Joka aamu tulevat pelkoni pellot,

saviheinää ja ohdaketta ojien varret täynnä.

Viikate tallin seinällä

valmiiksi teroitettuna kaikki nämä vuodet.

Päivät pilvessä,

ei nouse aurinko aamullakaan.

Istun mättäällä

variksenmarjojen seassa.

Kesäaamu.

Peltojen sylissä lojuu

leveä joki,

rannat kaislaa täynnä.

Veden pinnalle maalautuu taivas

katseltavaksi,

sydämeen painettavaksi,

maailmalle mukaan vietäväksi.

Joki jäi sinne peltojen helmaan,

eikä jäätynyt talvellakaan.

Olkitikkaat ohuet nousta,

ihmisen painosta taittua voivat,

raskaitten askelten alla.

Täyttyneet tähkäpäät irtoavat

ja tuuli

heiluttaa tyhjää kortta.

Kääty kaulallani

iloista ja murheista koottu,

painaa paljon,

enkä siltikään halua irrottaa

yhtäkään helmeä nauhastani

Pieni kynttilä povelleni

suojaan on jäänyt

elämän tuulilta.

Pimeässä huoneessa

huomaan, kuinka liekki lepattaa

valaisten kaiken olennaisen.

Kevät sulattaa routaisen maan,

jäähileitten keskeltä nousevat

kukat kukkimaan.

Hetkessä unohtuvat talvi ja viima.

Iholla leikkivät auringon säteet,

etelätuulen uruissa uusi sävel.

Puron pohjalla pikkukalojen parvi

keskenään kisaavat, sukkulana pyörivät.

En minä niitä haaviini halua,

katselen vain, kuinka aurinko kiiltää kyljissä.

Tässä purossa minäkin lapsena polskin,

vieläkin vesi ja lämpö

iholle jääneet.

Iltapäivän viilenevässä varjossa

istun omenapuuni alla.

Laiskasti lentää mehiläinen

ruusupensaan kukissa

mettä hakien.

Ojennan käteni, kiinni otan

puustani punakylkisen.

Taloni takana kuusikko kohisee,

tuuli taivuttaa nuoria puita,

sammaleen alla juuret suojassa.

Portailla istun ja kuuntelen

kuinka luonto elämöi,

tiputtaa alas kuolleet oksat ja katkoo risuja.

Miten viisaasti onkaan

tämä uuden ja vanhan vaihto

aikojen alussa järjestetty.

Taivas on kuulas ja sininen,

johon linnun siivet piirtävät

ohuen vanan sujahtaessaan

kevättä kohden kotimaahan.

Tänne tulevat ja

pihakoivuissa alkaa uusi elämä,

luritus aamusta iltaan.

Ei paina huoli huomisesta

tässä päivässä kaikki tarpeellinen.

Vanhan navetan räystään alla

rivissä pääskysten pesiä,

rakkaudella liimattuja,

poikasten suojaksi

rakennettu.

En löydä ohjetta elämälleni,

joka valuu kuin hiekka sormien välistä.

Jokainen aamu,

jokainen ilta,

haaveeksi jääviä kuvia rakennan.

Sammaloituu paikoilleen

jäänyt kivi,

sumun verhossa

asuva ihminen itkuineen.

Hiljaisuus syöttää sanoja

toivosta, rauhasta, armosta, rakkaista.

Tallessa kaikki,

rinnalle jääneet.

Ullakolta löysin nuoruuteni kukkahatun,

jota peilin edessä hiuksilleni sovitan.

Laitanko hieman vinoon, oikealle tai vasemmalle.

Sujautanko silmilleni

suojaksi peilin kertomaa.

Ei poista kurttuja kukkahattu

eikä huolien harmaata hiuksista värjää.

Muistoja tuottaa nuoruudesta,

ilo alkaa rinnassa läikkyä.

Hattuni laitan vinoon taakse

paremmin näkyvät elävän nauravat kasvot.

Seitinohuet unelmat haavepellossa hiipivät,

niittyvillalla hipaisevat kaiken nähnyttä poskea.

Hetkeksi aukeavat

tulipunaiset unikot nuoruudesta.

Syreenipensaan sini arkimekon helmassa viipyy.

Ojenna kätesi,

ollaan vielä aikaa paossa piilosilla.

Kolmannen kuunkierron jälkeen

syttyvät valot.

Auringonkukkia pihamaa täynnä,

kissanpolkkaa kaikkialla

tanssivat pienet tytöt ja pojat.

Helisee hiekka

pienten varpaitten alla,

illaksi uupuvat untuvapeittoon.

Aurinkopihalla leikkivät lapset

hiuksillaan kulta ja kuura,

säistä riippuen vaihtavat paikkaa.

Äidit etsivät tarpeen mukaan

sadesuojan ja helteellä varjon,

rikkaruohoja myrkyttävät,

lähteestä vettä käsin kantavat,

rukouksin ruokkivat maailmalle.

Aallot iskevät rantakiviin

nostaen pisarat korkealle,

alas tippuvat

kalliot kastellen.

Tuulen mukana laineet laantuvat,

kuun valossa veteen

eiliset väreet jäävät.

Kaunis on kuutamon kuvajainen.

Käenpoikanen yrittää pesiä

rintani rauhaa

raastamaan.

Kahta ohjetta sisin huutaa,

tyrkkäänkö alas,

vajota annan.

Vaihtoehtona ruokin suuta,

sulkia silitän,

opetan lentämään omillaan.

Mustavalkoinenko on

elämä.

Viilenevässä illassa

taivaalle syttyy tähtikimara.

Otavan otsalla kukkivat kirkkaana

vaihtuneet vuodet.

Seuraavat siirrän tähdenlentoon

idästä länteen,

aamun valoon.

Kevään kirkkaus sokaisee silmiä,

pieniä iloja pihat täynnä.

Talvikynttilä vaihtuu

voikukista punottuun kranssiin hiuksille.

Helmat hulmuten

ihmisen jalat

pellon piennarta käyvät.

Ulos maailmalle on ovi auki,

askelten vierellä matkalaukku

haaveita täynnä.

Kevyt on kantaa, olalle heittää.

Onko keveydessä totuus

sisällön tyhjyydestä

mielen suojasta.

Puoliksi tyhjä ja puoliksi täysi,

antaa tilaa ihmisen täyttää

tai keventää,

matkassa kulkevaa,

olkapäillä olevaa.

Kevättä pomppivat pianolla ihmisen sormet.

Kuin västäräkki aurapellon siivuilla,

koskettimilta kuplivat ilo ja keveys.

Hetkeksi häipyvät mustat ja murheet,

tilalle tulevat heleät helmet

tästä päivästä.

Vielä viipyy ihollani

kesästä lämpö ja valon voima.

Säilön ne sieluuni

tuulten alkaessa tuivertaa,

varastoin pimeitä öitä varten.

Ja kuitenkin,

jostain ilmestyy pieni liekki,

sydänlangasta hehkumaan.

Varjojen viereltä huomaa paremmin

maailmankaikkeuden

kaikki valot.

Vielä yritän juosta aamukasteisella nurmikolla

paljain varpain niin kuin ennen,

kuunnella siipien suhinaa pilvien alta.

Jälleen näen, kuinka tuuli on nostanut kurjet auraan

ja minä muutun pieneksi tytöksi.

Ruutuikkunasta katsovat vastaan tyhjät viljapellot,

joista siemenet taskuissa tallessa.

Minä juoksen ja rallatan lehtikasassa,

keltaisessa syksyn pellossa.

Paljaat puut ja laaja lakeus

syliini lankeavat mielen ja kielen vapaus.

Pilvet ajavat harmaana massana matalalla,

vesilammikossa lehdettömän puun kuvajainen.

Ojennan käteni korkealle

ja annan tuulen kuivata sormilleni asumaan

tulleet vesipisarat

silmistä, pilvistä.

Tilalle tulevat pihlajan punaiset, pyhät marjat,

suovillojen valkoiset kerät,

kaikilla väreillä kotini koristan.

Sieluani siivoan kuin syksy,

odottamaan uusien silmujen aukeamista.

Hämärä on siirtynyt huoneeni asukkaaksi,

enkä muista ajankohtaa,

oliko se eilen vai jo toissapäivänä.

Makaa vuoteessa vierelläni

öisin kun kuu on noussut korkealle

ja ensimmäinen tähti tuikkii verhon lomasta.

Käteni hakee iltaisin kättä ja silittää tyhjää kohtaa

peitteeni alla,

missä syksy on riisunut ihmisen paljaaksi

jättäen yksin.

Hämärä huutaa vielä pimeää piiloon.

Armahda aika ja anna kevään tulla.

Pieni enkeli siivet laakana

maahan lensi.

Oli pitkään kuunnellut

maailman itkuja,

parkuja naisten ja lasten,

ihmisten kaikenlaisten.

Hän tahtoi kirkon urkuja soittaa,

Hän tahtoi kirkon kelloja soittaa,

Sytytti yhden kynttilän,

valoksi mustaan yöhön.

Ja lauloi sydämen kyllyydestä

- Jouluyö, juhlayö -

Minä halusin oikeaa Joulun tunnelmaa,

siksi avasin vanhan kirjan,

sytytin valot ja kannet avasin.

Hoosiannaa lauloi enkelten kuoro.

Hetkessä hämärää huonettani

valaisi

Betlehemin tähti.

Minä kirjan kädestäni laskin

muistojen varjoista valoon päästin,

kaikki ne lapsuuden Joulut,

joissa ei kiirettä ollut

vierellä asuivat vain, rauha ja rakkaat.

Iltapäivällä lämmitin saunan,

perheeni kylvetin,

puhtaisiin puetin.

Kinkun uunista vedin ja

riisipuuroon mantelin pudotin.

- Kanelin tuoksua kaikkialla -

Illalla syttyivät taivaalle tähdet

peitoksi ulkona nukkuville.

Hetkeksi hiljeni maailman melske,

perintökello seinällä aikaa tikkasi.

Nyt istun huoneessani kädet

sylissä joutilaina.

Kuuntelen, kuinka jossain vielä

Joulun kellot kumajaa.

Maani makaa nietoksessa,

levossa pitkästä työstä ja yöstä.

Tänä yhtenä päivänä

ota syliisi sydämesi.

Kysy

mitä hänelle kuuluu.

Kysy

mitä läheisillesi kuuluu.

Ota palelevat jalkani syliisi,

lämmitä käveleviksi.

Ja niin on meillä jälleen Joulu.

Kesämansikoilta maistuvat

punaiset marjat

joita hellemekkoni helmassa

suojassa kannan.

Nuoruuttani, elämääni,

tunturipuron solina korvissani

vieläkin soittaa.

Kimaltavat tänäänkin huhtikuun hanget

tulossa ovat toukokuun tuulet

elämän lämpöä täynnä.

Raatokärpänen auringossa siivet levällään lekottelee,

köyhän syönnistä jäljelle jäänyttä

hajuakin vartioi.

Tuntosarvet sojottavat tutkivasti tienoita,

sieltä, täältä, tipahtelee pöydän alle murusia,

lämpimällä lihottaneet grillikauden avajaiset

onnentunteena vieläkin.

Syksy tulee ja sulkee ovet, särkyvät siivet pakkasessa

Siinä oli, siinä meni

raatokärpäsenkin lyhyt onni.

Anoppi kutoo lapsenlapselle kuviosukkaa

miniä siinä vierellä hiljaa;

- olisinhan itsekin voinut -

Vaan kun et voinut,

et jaksanut, etkä ehtinyt.

Sinkkuelämän koukussa kiikuit,

pitkässä pilvessä päiväsi liikuit.

Aika on muovannut anopille

korpin silmät ja mustan muodon.

Esiliinan taskuun on jäänyt

itkuista kastuneet nenäliinat.

Poika siinä naisten välissä keikkuu,

rakkaita molemmat,

korppi ja kyyhkynen.

Jos toisen ottaa, niin toinen jättää.

Viisainta lienee

kummastakin irti päästää.

Viivy vierelläni vielä hetki,

aikaasi lahjoita,

kaksinkerroin maksan takaisin.

Siirry kiinni kylkeeni,

siihen on jäänyt paikka juuri sinua varten.

Iltayön kuuta kanssani katso,

kunnes Otavan tuikkeet

aamuun haihtuvat.

Minäkö vanha?

Ehei, ei peiliin ole katsomista,

totuutta etsiä.

Ei sieltä näe pään sisälle,

jossa oikeat vuosirenkaat

kilisevät, kolisevat.

Siksi pidän syksylläkin

aurinkolaseja kulmillani.

Hassu äiti

kikattaa jälkikasvu.

Kirkko jakaa kansan kahtia

hallelujaa halullisille

huh hah heitä heittiöille.

Kanttori polkee uruilla polkkaa

kansa on saatava temppeliin sisälle.

Ovipielessä penkin nurkalla

kyyhöttää iäkäs mummo,

virsikirjaan ristityin sormin.

Eikä hän enää tunnista

mihin on tullut.

Koko vuoden maailma jakaa

Uuden vuoden raketteja taivaalle,

pauketta, räiskettä kaikille riittää.

Siellä seassa rämpivät lapset

hakien leipää ja aikuisen syliä.

Aallot heittävät rannalle apua hakeneet.

Uutisoinnille juhla-aikaa,

jokaisesta kuvasta kilahtaa kirstuun raha.

Jalkain juuressa

luhistunut läheinen.

Hämähäkki ihmisen muodossa

öisin verkkoja kutoo,

ansaan joukkoja saalistaa.

Juurettomat ja siivettömät

seittien sekaan sotkeutuvat.

Sirkushuveja leivän kanssa, vaativat

äänet kaikkialta.

Maan hiljaiset koloissaan kyhjöttävät,

nälkäänsä kuittaavat nukkuen.

Vielä pidät kiinni kädestäni,

sormet sormien lomiin solmit.

Rinnallesi painan pääni ja kuulen

kuinka sydän jyskää, niin kuin silloin

nuoruuden laitumilla.

Missä tuoksuivat heinät ja kilisivät

kissankellot.

Ei ollut huolta huomisesta, vanhuudesta

ei vähääkään.

Näin on hyvä, iho ihossa vieläkin kiinni.

Tyhjä kohta täyttyy historiaan kirjoitettuna

Tähän tehtävään on sinut valittu

Tämä tehtävä on sinulle annettu

Sinun on oltava yhtä aikaa luja ja lempeä,

nopea ja kaukaa viisas.

Ennen kaikkea ihminen ihmisille.

Onnea matkaan, Herra olkoon kanssasi!

Lunta on satanut hiuksillemme

uurteita kasvoilla

kaulalla vanteita.

Pieni pilke on silmissä vieläkin

kompassi elämään.

Eipä sitten muuta.